luise maria ruhdorfer:

klagen, fragen, plagen.

nachdenk-reime
über vordenker-träume.

luise maria ruhdorfer:

klagen, fragen, plagen.

nachdenk-reime
über vordenker-träume.

Bibliografische Information der Deutschen Nationalbibliothek:
Die Deutsche Nationalbibliothek verzeichnet diese Publikation in der Deutschen Nationalbibliografie; detaillierte bibliografische Daten sind im Internet über http://dnb.ddb.de abrufbar.

ISBN 978-3-86870-196-8

Umschlagillustration und Kapitelillustrationen:

Gabriela Tilly-Ammerbauer, im März 2010.

www.rediroma-verlag.de
15,50 Euro (D)

INHALTSVERZEICHNIS

GTA 10

ZWEITSPRACHIGES

Ursprünglich war meine Erstsprache Slowenisch, das Deutsche meine Zweitsprache, in der ich seit dem frühen Tod meiner Mutter jedoch vorwiegend schreibe.
Dieser Gedichtzyklus entstand im Herbst 1994 als Reaktion auf mein begonnenes Slowenisch-Studium in Klagenfurt.

Kunst ist
die Erfahrung,
etwas zu schaffen,
das Andere nicht können.

Kunst ist
die Fähigkeit,
etwas zu sehen,
das Anderen verborgen bleibt.

Kunst ist
die Möglichkeit,
etwas zu gestalten,
das längst geformt ist.

Kunst ist
die Eigenständigkeit,
die offenbart,
was der Andere ausgehaucht hat.

Sie verbieten
meine Sprache,
bis ich verstumme.

Sie verstecken
meine Wörter,
bis ich suche.

Sie vermitteln
meine Laute,
bis ich erwache.

Sie verbreiten
meine Lieder,
bis ich erglühe.

Ich möchte essen.
Da ist keine Nahrung.

Ich möchte empfangen.
Da ist keine Liebe.

Ich möchte gehen.
Da ist keine Gasse.

Ich möchte sterben.
Da ist keine Rettung.

Ich möchte beten.
Da ist keine Sprache.

Ich möchte weinen.
Da ist keine Träne.

Mein Körper strahlt,
obwohl ich versage.

Meine Augen leuchten,
obwohl ich trauere.

Meine Füße tanzen,
obwohl ich lahme.

Meine Hände umarmen,
obwohl ich erdrücke.

Meine Stimme jubelt,
obwohl ich krächze.

Meine Ohren hören zu,
obwohl ich lärme.

Ich bekriege dich
und befriede mich.

Ich besiege dich
und erlege mich.

Ich befreie dich
und opfere mich.

Ich feiere mich
und erinnere dich.

Viele Worte
verhallen,

einige Gesetze
erlöschen,

alle Strukturen
zerrinnen,

wenige Grenzen
verschwinden.

Immerfort nur stöhnen,
unaufhörlich dröhnen,
ständig weiter schüren,
Hass statt Liebe spüren.

Doch ein Leuchten sehen,
ohne Worte verstehen,
voll auf Gott vertrauen,
neue Brücken bauen.

Im Lande der Buchstaben
herrscht große Freude,
weil wir sie verwenden.

Im Lande der Buchstaben
herrscht große Trauer,
weil sie uns plagen.

Die germanische Macht
beherrscht mich.
Der slawische Geist
bereichert mich.

Die heidnische Gestalt
bedrückt mich.
Das christliche Wesen
befreit mich.

Der jüdische Vater
begleitet mich.
Das grenzenlose Sein
belebt mich.

Die Schönheit
liegt in der Tiefe
zwischen
dem Enthaltenen und
dem Ausdrückenden.

Die Weisheit
liegt in der Mitte
zwischen
dem Zerstörenden und
dem Aufbauenden.

Die Wahrheit
liegt in der Würde
zwischen
dem Erlebten und
dem Geschaffenen.

Wer Gott hasst,
hasst sich selbst.

Wer Gott tötet,
tötet sich selbst.

Wer Gott denkt,
lenkt sich selbst.

Wer selbst fällt,
landet in Gott.

Wenn niemand sündigt,
brauchen wir keinen Priester.

Wenn niemand mordet,
brauchen wir keinen Richter.

Wenn niemand erkrankt,
brauchen wir keinen Arzt.

Wenn niemand stirbt,
brauchen wir keinen Bestatter.

Liebt der Buchstabe
die Stimme,
klingt das Wort.

Ehrt der Schriftzug
die Sprache,
blüht das Buch.

Weist der Ort
die Straße,
wächst das Land.

Schätzt der Schüler
die Meisterin,
reift das Fach.

Stille Schwüle
herrscht im Haus,
Wärme strömt der
Kühlschrank aus.

Fliegen summen,
Schlagbohrer brummen.

Fensterläden
dicht gemacht,
Licht der Ruhe
angefacht.

Ohren lauschen,
Blätter rauschen.

Die Führungsschicht ertragen,
mich manchmal nur beklagen.

Als Ziel ein Vorbild wählen,
mich täglich weiter quälen.

Das Elend ständig spüren,
mich schon auch kräftig rühren.

Sehr viele Fehler machen,
mich freuen und laut lachen.

Der Wohltat treu verbleiben,
mich der Zeit verschreiben.

Ich entferne Hindernisse
und sie entsorgen mich.

Ich meistere Probleme
und sie bewältigen mich.

Ich erkenne Verbindungen
und sie erdrücken mich.

Ich erblicke Schneerosen
und sie erfreuen mich.

Ich werde geboren,
ich werde gestorben.

Ich werde getreten,
ich werde gestützt.

Ich habe geschadet,
ich habe genützt.

Auch ein Stammeln
ist Sprache.

Auch ein Versagen
ist Liebe.

Auch ein Ablehnen
ist Glaube.

Verhalten hochrechnen
in Konditionen

Erscheinen gleichsetzen
mit Konstellationen

Empfinden einreihen
in Illusionen

Begehren ausnützen
für Kollisionen

DEINE Tränen
fließen,

welche unsere Wunden
gießen,

damit neue Blüten
sprießen.

aus DEINER Quelle
schöpfen -
die Trockenheit der Wüste
erfahren

DEINE Bilder
schauen -
gähnende Leere in Gemälden
sehen

DEINE Stimme
hören -
mangelhafte Aussagen
tätigen

DEIN Licht
spüren -
in Finsternis
leben

Hast du Feuer für mich?
Hast du Platz für mich?
Hast du Zeit für mich?

Ja, ja, ja.

Begreifst du mich?
Verstehst du mich?
Stör ich dich?

Ja, ja, ja.

Wenn ich so ginge,
Stimmung einfinge,
auf Wiese und Feld,
ohne jedes Geld.

Wenn ich so sänge,
dass es wohl klänge,
voll in mich lauschte,
mich dauernd berauschte.

Alle
Medien
abgestellt,

fernab
tickt
der
Stress
der
Welt.

ZAKAJ?
WARUM?
GTA 10

WARUM/ZAKAJ

Alle entscheidenden Lebensfragen stellen sich mir abwechselnd in Deutsch und Slowenisch, sodass sich meine Aussagen zwischen diesen beiden Sprachen bewegen.
Dieser Gedichtzyklus entstand 1993 während meines zweiten Slowenisch-Kurses beziehungsweise 1995 und danach.

Warum bin ich stumm? Warum?
Warum bin ich dumm? Warum?
Warum? Rundherum? Warum?

Worin liegt der Sinn? Worin?
Worin, dass ich bin? Worin?
Worin? Drin? Worin?

Wieso bin ich froh? Wieso?
Wieso bin ich nicht roh? Wieso?
Wieso? Sowieso? Wieso?

Zakaj bin ich frei? Zakaj?
Zakaj, wenn ich schrei? Zakaj?
Zakaj? Nazaj? Zakaj?

Worauf bau ich auf? Worauf?
Worauf, wo ich so schnauf? Worauf?
Worauf? Bergauf? Worauf?

Ich möchte, dass du mir verzeihst.
Ich möchte, dass DU mich befreist.
Padre nostro che sei in cielo, ...

Ich nehme deine Verurteilung zurück.
ICH erlöse dich von deinem Unglück.
Ati ynë që je në quiell, ...

Ich verstehe deine Last.
Ich beruhige DEINE Hast.
Oče naš, ki si v nebesih, ...

Ich kenne deine Not.
ICH schicke dir Brot.
Vater unser im Himmel, ...

Raum ohne Grenze
Zeit ohne Maß

Licht ohne Farbe
Verkehr ohne Unfall

Stimmung ohne Ton
Schrift ohne Zeichen

Geborgenheit ohne Wärme
Spannung ohne Gewalt

Beziehung ohne Abhängigkeit
Gefühl ohne Zufall

Weisheit ohne Blendung
Wirklichkeit ohne Bild

Leben ohne Bedrohung
Vollendung ohne Sehnsucht

Nirgends und überall bin ich verwandt.
Niemand und jedem bin ich bekannt.

Niemals und immer gibt es genug Brot.
Überall und nirgends leide ich Not.

Nikjer in povsod sem doma.
Nihče in vsak me pozna.

Nikoli in vedno je dosti kruha.
Povsod in nikjer sem kakor muha.

sachlich

belehrend

amtlich

fachlich

übermittelnd

dienstlich

wissentlich

schaffend

persönlich

stvarno

poučevalno

uradovalno

strokovno

prenašalno

poslovno

zavestno

ustvarjalno

zasebno

Mein Vater hat mich gesc
hlagen, mitten in den Mag
en, und sonst noch was. I
ch bewundere mich, dass
ich ihn so gar nicht hass'.

Meine Mutter hat geschw
iegen, mitten in den Krieg
en, und sonst noch wann.
Ich gräme mich, da ich do
ch gar nichts ändern kann.

Meine Lehrerin hat mich g
etragen, mitten in all dem
Versagen, und sonst noch
wo. Ich weigere mich, den
n ich fühle mich nicht froh.

die Armut bewachen,
den Traum entfachen
vom schnellen Geld,
vom vollen Leben,
von der mächtigen Welt,
vom erfolgreichen Streben

aus der Armut erwachen,
den Traum zerkrachen
von der Eselsgeduld,
vom dummen Bequemen,
von der ständigen Schuld,
vom hastigen Nehmen

die Armut verlachen,
den Traum bewachen
von der befreiten Sucht,
vom heftigen Treten,
von der endlosen Flucht,
vom gedankenlosen Beten

mich zurückhalten
beim Essen und Trinken,
um den Organismus
zu entlasten

mich heraushalten
aus dem Tratschen und Feiern,
um das Gedächtnis
zu entrümpeln

mich anhalten
an Tränen und Gefühlen,
um die Richtung
zu entdecken

tiefe Betroffenheit
getroffene Tiefe

gestörte Ruhe
beruhigte Störung

gegenständlich erfahrbar
menschlich fühlbar

wesentlich offenbar
herzlich wunderbar

unbewusst - unrichtig - unwesentlich

nezavedno - nepravilno - nebistveno

versunken

abgebrochen

zerstört

verwildert

abgewürgt

entwurzelt

aufgeflammt

erleuchtet

gesegnet

weder Minderheit

noch Mehrheit,

sondern Beidheit

ne manjšina

ne večina,

temveč obojina

eingefallen
vorgefunden

gedichtet
zugeordnet

empfunden
übertragen

angehört
erklärt

zerronnen
misslungen

entrümpelt
verbannt

ausgeschmückt

ausbildende Prächtige
wissende Mächtige

lebende Prassende
liebende Hassende

arbeitende Zerstörende
gebärende Tötende

objektiv
objektiviertes
Objekt

subjektiv
subjektiviertes
Subjekt

Gebärende Gebärerin Geborene

Lehrende Lehrerin Gelehrte

Erfindende Erfinderin Gefundene

Liebende Liebhaberin Geliebte

Greifende Begreiferin Ergriffene

Heilende Heilerin Geheilte

gewöhnlich gewohnt
ungewöhnlich ungewohnt

računalniško enostavno
paradigmatično zabavno

povratno logično
posebno komično

computerbezogen einsilbig
paradigmatisch vergnüglich

umgekehrt logisch
besonders komisch

warum - wann - wieso

wer - was - wo

zakaj - kdaj – kako to

kje - kaj - kdo

welcherlei

solcherlei

mancherlei

Einheit

Zweiheit

Dreiheit

enotnost

dvojnost

trojnost

immer öfter

umso mehr

viel zu selten

drüber her

drinnen - draußen

droben - drunten

vorne - hinten

znotraj - zunaj

zgoraj - spodaj

spredaj - zadaj

haben hatte – laben Latte

tragen trug – klagen klug

lassen ließ - hassen hieß

laufen lief – taufen tief

nehmen nahm – zähmen zahm

stehlen stahl - stellen Stall

wissen wusste – missen musste

liegen, träumen, schlafen

nicht sprechen, nichts tun, mich freuen

leiden, hoffen, wünschen

ležim, sanjam, spim

ne govorim, nič ne delam, se veselim

trpim, upam, želim

aber oder weil
und deshalb,
wenn trotzdem
hingegen

ampak ali ker
in zato,
ko vendar
temveč

ohne oder mit
und dagegen
sogar auch

brez ali z
in sproti
tudi še

Homer und Griechisch

Virgil und Lateinisch

Dante und Italienisch

Luther und Deutsch

Truber und Slowenisch

Mock und Europäisch

glas in črka - slovstvo

jezik in pisava - slovar

kraj in cesta - Slovenija

študent in profesorica - ljubljanščina

Stimme und Buchstabe - Literatur

Sprache und Schrift - Wörterbuch

Ort und Straße - Slowenien

Student und Professorin - Laibacherisch

sem si sva
bom bi bova

nam mi nama
vam ti vama

nas jim jima
vas jih ji

sta bosta ga

smo ste so
bomo boste bo

bodo me jo
bojo te boš

naju se ju
vaju je mu

p**ii**ni p**ii**ßt ß**a**ima

w**ää**ri w**ä**aßt w**ä**ama

h**ää**ti h**ää**ßt h**e**ttma

iißßa h**ôô**tta

h**ää**ta t**aa**ta

w**aa**ra w**uu**rata

bin-ich bist-du sind-wir

wäre-ich wärst-du wären-wir

hätte-ich hättest-du hätten-wir

ist-er hat-er

hätte-er täte-er

wäre-er würde-er-werden

razbito srce
krvave solze

izpadle oči
krvavih solz ni

gebrochenes Herz
blutige Tränen

herausgefallene Augen
keine blutigen Tränen

Vorgestern Monarchist, gestern Diktator,
heute Demokrat,
morgen Anarchist.

Vorgestern Balte, gestern Slawe,
heute Lette,
morgen Russe.

Vorgestern Sklave, gestern Freier,
heute Besitzer,
morgen Millionär.

Vorgestern Häftling, gestern Flüchtling,
heute Ausländer,
morgen Mischling.

Vorgestern Heide, gestern Jude,
heute Christ,
morgen Mensch.

UMFASSENDES

Dieser Text widerspiegelt die Tagesverrichtungen der bäuerlichen Umgebung aus meiner Kindheit. Jede Störung muss von der Familie abgefangen werden, sodass weder der linke noch der rechte Rand der Gesellschaft besonders augenscheinlich auffallen. Dieser Gedichtzyklus entstand 1993.

onngširn buutan häarn mooln šimmpfn,
ôbwôôšn faurrtaln faputtßn štülln lôôhn –
ainšponän kaaßn opfi∂n ßäägn tßaihnän,
woarrnän naan ainwägn niidalegn šwittßn –
kuutširn päfettßn ßommln ôôtmen šraibm,
hëišatßn kärrn šnaidn onntßi∂gn frain –
raitn klaubm eeßn leeßn firrhtn, onntßinntn
wôôšn grôôbm tßu∂dekkn šommän –
tßain äntrimpln nôôgn konntrolli∂n laidn,
gäbärn faleegn lalln ainšpärrn loobm –
fanihhtn kurrbln fôôßn flittßn opari∂n,
du∂hdraan piigln obbeešn lokkn hôllßn –
äntmôhhtn päätn tßu∂štään wôhhtn päfölln,
ßegnän koohn gi∂ßn pläamatßn mëign –

anschirren dick-rühren hören malen schimpfen, abwaschen verurteilen verputzen stillen lachen – einspannen käsen abführen sehen zeichnen, warnen nähen ausloten niederlegen schwitzen – kutschieren bekämpfen sammeln atmen schreiben, seufzen kehren schneiden anziehen freuen – reiten auflesen essen lesen fürchten, anzünden waschen graben zudecken schämen – einzäunen entrümpeln nagen kontrollieren leiden, gebären verlegen lallen einsperren loben – vernichten kurbeln fassen flitzen operieren, durchdrehen bügeln abböschen babysitten liebkosen – entmachten beten zustehen wachen befallen, segnen kochen gießen blinzeln mögen –

šmirrn prokkn trinnkn rähhnän päglikkn,
wiišn ßaamän džoggn puußln fagaaßn –
außwäkkßln ßuurn reedn dännkn tßôuunän,
ßaugn štaapln fafiən šnaitßn häartßaagn –
polirn wuərrštn štüllßain ßinngän äntmindign,
dônnkn špaißn šaufln kittßln faijjan –
štriigln ßöllhn gäänän muußitßirn trauan,
štrikkn ummpringän nôôgln kammpln fuulgn
– waaßan umkärrn amoardn rattšn tßittan,
päwunndan häkkln šleegan wollfôartn trääßt6
– šärrn farôôtn reehn datßölln turrnän,
môukkn konnßavirn scheppßn wekkn tßittan
– faguunän ummgäan prônngän špülln
härrtßn, ibafôôlln plôôßn winnšn rärrn
geniißn –

schmieren pflücken trinken rechnen beglü-
cken, wischen säumen joggen lieb-haben
vergasen – auswechseln beizen reden den-
ken jammern, saugen stapeln verleiten
schnäuzen aufschneiden – polieren wursten
verstummen singen entmündigen, danken
speisen schaufeln kitzeln feiern – striegeln
lufttrocknen gähnen musizieren trauern, stri-
cken umbringen nageln kämmen gehorchen
– tränken wenden ermorden ratschen zithern,
bewundern häkeln schlägern wallfahren
ängstigen – scheren verraten rechen erzäh-
len turnen, beleidigt-sein konservieren entrin-
den wecken zittern – vergönnen abschreiten
prächtig-sein spielen herzen, überfallen bla-
sen wünschen weinen genießen –

ummpaun haign preehn hônndabaitn aufmôôhn, štikkn ißolirn wattšn härršn onnštekkn – wäägätirn eggn famiitn fiəban wäakn, äagan flikkn saagln klëišn allaanßain – ßaan harrpfn riəhn wekkmôôhn lärrnän, šmuußn štoppfn hôkkn šläkkn empfôngän – tônngln hiifln šmekkn ibaleegn faliərn, ainpräänän špittßn aufklärn päštiimän faduəštn – wettßn peetan huəßtn wiißn fašteen, pummpm onnštülln hunngan plappan kfaarn – maan haifln štinnkn keenän knähhtn, kiibitßn glänntßn štraihn fottßn tßuəmôôhn – hochleebm piitn fauläntßn umôamän fahärrlihhn, petoniən krääpirn paun pôôdn kihhan –

pflügen heuen erbrechen handarbeiten öffnen, sticken isolieren watschen herrschen anstecken – vegetieren eggen vermieten fiebern werken, ärgern flicken sägen verdreschen einsam-sein – sähen feucht-aufhängen riechen abtreiben lernen, schmusen stopfen hacken schlecken empfangen – schärfen auftürmen schmecken überlegen verlieren, einbrennen spitzen aufklären bestimmen verdursten – wetzen oben-einlagern husten wissen verstehen, pumpen befestigen hungern plappern belästigen – mähen häufeln stinken können knechten, kiebitzen glänzen streichen ohrfeigen verschließen – hochleben bitten faulenzen umarmen verherrlichen, betonieren krepieren bauen baden kichern –

ôkkan h**a**un däm**i**itign šl**u**kkn w**ö**lltßn,
št**u**ppfn äntl**a**ußn šm**i**rrgln fr**ô**ôgn tr**e**enän –
opr**ai**ßn äntw**i**∂rdign f**i**idan šp**ô**utn
unntar**i**hhtn, **o**nngeebm šw**e**emän r**ô**ššpln
p**ai**ßn š**ä**rrtßn – **ä**rrntn **ô**nnßettßn **a**ußrihhtn
fa**ô**artßtn fadr**i**∂ßn, änntpl**e**eßn pl**a**ihn d**e**kkn
tr**a**ttßn fl**a**ttan – dr**e**ešn fatß**i**∂n l**ä**rrmän trad**i**rn
p**ô**ukkn, št**ä**rrkn š**u**∂ßtan w**i**kkßn h**ô**ôßn
bäß**u**∂hn – p**a**itšn t**e**kkln j**e**etn gr**i**∂ßn
šw**i**imän, f**i**ppan p**ü**∂štn šn**a**idan fak**i**∂ln
t**a**ßßtn – t**ô**ogleenan ß**i**ibm ß**i**ttßn tahhin**i**rrn
friß**i**∂n, h**ô**ôdan w**i**∂rrtßn šw**aa**ßn **a**ußpeeßan
h**a**itnän – k**u**šßln p**ö**llan fakr**ô**ftn j**a**uhhtßn
kr**ô**ôhn, št**ô**mmpfn pä**o**ntrôôgn pl**ä**rrn f**o**ppm
k**ä**ppln –

ackern lockern demütigen schlucken wälzen, stoßen entlausen schmirgeln fragen trennen – abreißen entwürdigen fiedern spotten unterrichten, angeben schwemmen raspeln beißen scherzen – ernten ansetzen ausrichten verarzten verdrießen, entblößen bleichen decken unbequem-sein flattern – dreschen verzieren lärmen tradieren gekränkt-sein, stärken schustern versohlen hassen besuchen – peitschen trocken-stellen jäten grüßen schwimmen, unruhig-sein bürsten schneidern erkälten tasten – tagelöhnern sieben sitzen nichts-tun frisieren, hadern würzen schweißen ausbessern abmühen – kuscheln böllern verkraften jauchzen krachen, stampfen beantragen heulen foppen zanken –

fuəwäakn raittan liign priəfn štôutan,

špiin niətn klôôgn tränntšln ainwainpaln –

flähhtn môuzt6 pfiətnän tippm onnpaaßn,

faštölln kleppln šölln ainšuəln faštekkn –

pflônntßn außmißßtn pfaifn pfleegn finntn,

ummalungan ßanntln frääßn akläan klunntßn

– štuttßn pinntn quölln hukkn hiətn,

traamän pôôhn šlaifn onngraifn fawoatakkln

– ainmaišn fatßaarn winntn gään nuttßn,

gôôbln knippfn šmiidn krabbln onnlôôhn –

praun preeßn šrain *accompagnare* faloobm,

polltan prôôtn šteeman rottßn fawuəštln –

bäšprenngän žəbraat6 rettn šeentuən küßßn,

šrännkn äntroßßtn düübln außägrôôßn

räkkßn –

fuhrwerken absondern liegen prüfen stottern,
spinnen nieten klagen sabbern einhauen –
flechten melken verabschieden tippen anpas-
sen, verstellen klöppeln schälen einschulen
verstecken – anpflanzen ausmisten pfeifen
pflegen finden, herumlungern sandeln fräsen
erklären wimmern – abschneiden zusam-
menbinden quälen hocken hüten, träumen
backen schleifen angreifen verunstalten –
maischen verführen winden gehen nützen,
gabeln knüpfen schmieden krabbeln anla-
chen – brauen pressen schreien begleiten
verloben, poltern braten stemmen rotzig-sein
verschlampen – besprengen beten retten
freundlich-zureden küssen, schränken entros-
ten dübeln untreu-sein einrexen –

ainäkri∂hn leešn prëihln šaugn höllfn,
hairatn rääßtn haußn tßuppfn fapluufn –
pölltßn siihln šprinngän pädauan kaafn,
šeenirn däärn täärn bäšwäärn obšpärrn –
onnštarrtn mikkßn heebm kleebm pflantßn,
äntßôftn kfrëitn špurrtln s*trapaziere* fawi∂n –
äntôßßtn faaširn fonngän filoßofirn wärrbm,
kneetn fôlltßn hinntahaun krakkßln kuppln –
du∂hhfo∂ßßtn ši∂bm kaun täläfonirn faärn,
flihhtn gartln päšlôôgn nôôšn faatßôôgn –
rakkan krammpln šti∂rrtßn onnpiitn rëichl,
fiißl tßeehn du∂hšmaißn špuurn preedign –
faßeenän dapoarmän munnkl fataidign
päglaitn, ainlôôdn ärrbm štaabm šaapm
meeßn –

hineinkriechen löschen brecheln schauen helfen, heiraten rösten hausen zupfen vergeuden – abstützen sicheln springen bedauern kaufen, genieren dörren teeren beschweren absperren – starten mixen heben kleben veräppeln, entsaften murksen sporteln strapazieren verwirren – entasten faschieren fangen philosophieren werben, kneten falzen zurückschlagen kraxeln kuppeln – durchforsten schieben kauen telefonieren verehren, flüchten umstechen beschlagen naschen verzagen – erschöpfen krampeln stürzen anbieten röcheln, auslösen zechen durchwerfen brav-sein predigen – versöhnen erbarmen munkeln verteidigen begleiten, einladen erben stauben gesund-schlagen messen –

roobootn taišn kartaatšn klattšn paßßtln,
nettßn außštaijjan truttßn frottßln reegln –
– preenän trokknän šnôlltßn hônndln wëihl,
bäšteehn opßaijjan hoobln tßwiəlln päliəgn –
môôlln außlaarn hôlltn ßärrwirn tšänntšn,
tßalôôßn außtßôôlln prülln ônnklaan
tßwinngän – proopagirn tßiəgn šprittßn
quattšn äntbinntn, šattßn kiifl kammpirn
ßaufn fašpeetn – kommpoßßtirn ainfiərn
huppfn fakaafn raafn, außtrôôgn ßôlltßn
siidln fiərgäan hakkßln – rihhtn špraittßn
wonndan *translate* štraitn, dinnßtn klômmpfn
paitln mekkan rauhn – pärain päfrain
haußhôlltn raikkn fatßihhtn, draan riifl weetn
marrširrn šnittßn –

ableisten täuschen kartatschen klatschen basteln, netzen aussteuern ertrotzen frotzeln regeln – brennen trocknen schnalzen handeln fächeln, bestechen absäuern hobeln schrill-schreien belügen – mahlen entleeren halten servieren raunzen, zerlassen auszahlen brül-len beschmieren zwingen – propagieren zie-hen spritzen quatschen entbinden, schätzen entfernen kampieren saufen verspäten – kompostieren einführen hüpfen verkaufen raufen, bespötteln salzen siedeln erahnen stolpern-lassen – herrichten spreizen wan-dern übersetzen streiten, dünsten verbinden schütteln meckern rauchen – bereuen be-freien haushalten räuchern verzichten, dre-hen abstreifen wetten marschieren schnitzen –

opšteehn pôußl gëibm äntwikkln fahunngan,

flunnkan grüülln šännkn ßiifln griəbln –

wôôgnan špattßn obheebm politißirn štärrn,

famoaktn tßaaßn päßittßn onntßippfn šaidn –

šlahhtign štreebm pukkln neemän pärôôtn,

nôôhôômän aufhännkn aufkôlltn štiifln pettln

– haarn ôpwaißn naštimat6 leefln fawôlltn,

fašiəbm koßßtn päwôôhn štrôôfn pätßirtßn –

haitn trantširn štölln laitn onnpeetn,

ôppšraibm pämöölln raadln tßwikkn fakëin –

päßôômän paaßt6 šlôôfn štemmpln rôßßtn,

ßiədn tßimman priigln huißßn pəəßtit6 –

pädränngän päkraitßign pägrôôbm *spominjati*

štraihln, päguətn klettan plëihn riən fakkßn –

abstechen versorgen geben entwickeln verhungern, flunkern grillen schenken rutschen grübeln – wagnern entlauben abheben politisieren stören, vermarkten zappeln besitzen nerven scheiden – schlachten einstreuen buckeln nehmen beraten, nachahmen aufhängen aufbewahren trotten betteln – enthaaren abweisen zu-recht-richten löffeln verwalten, verschieben kosten bewachen strafen bezirzen – häuten zerteilen abstellen läuten anbeten, abschreiben bemehlen radeln zwicken verkennen – besamen weiden schlafen stempeln rasten, sieden zimmern prügeln aufhetzen zulassen – bedrängen bekreuzigen begraben erinnern streicheln, beruhigen klettern bezahlen rühren faxen –

š**i**nntn ßtr**ää**ßt6 gl**o**ttßn **a**inängän päw**ä**rrtn,

t**ô**nntßn ß**a**ihn inštal**i**rn kr**ô**ttßn pob**u**∂lšat6 –

onnpôkkn fu**i**jjan *gucken* fad**i**inän plam**i**∂n,

enntln w**i**∂ttšôftn w**i**kkln šw**e**efln **ô**pphaun –

pl**ô**ôgn **a**ußdraan g**ô**ôfn kuur**i**irn w**a**ihn,

w**a**kkn *schaffe* päßi**i**gn šl**ô**ôgn z**ää**bßt6 –

f**u**∂trat6 sch**ô**uttnän këim h**a**alln št**i**ihl,

faš**a**ihn **a**ufputtßn **o**nnleegn **ô**ahitaifl fai∂n –

w**ô**lltßn **ô**pšpeenän r**ü**llpßn ak**u**ndn fatß**a**ppfn,

ainmottn faw**i**išn **a**ufšiitn pänë**i**m h**ô**ßßtn –

m**ô**ôhn šl**i**hhtn far**u**kkn šn**a**ufn *rentiere*,

fap**ä**ttßn w**ô**llgn w**a**ißign **a**ußtßi∂gn št**i**ibitßn –

tß**a**rrtln **o**nntßaagn kß**u**nntn af**ü**lln dal**ä**aßn,

onnw**a**rrmän **a**ußlaihn dißßkut**i**∂n fl**i**∂gn

gw**i**in –

schinden ausstreuen glotzen einengen bewerten, tanzen seihen installieren kratzen verbessern – anpacken einheizen gucken verdienen blamieren, säumen wirtschaften wickeln daherreden abhauen – plagen ausdrehen gaffen kurieren weihen, einweichen arbeiten besiegen schlagen kalt-haben – füttern eindicken kommen heilen sticheln, verjagen aufputzen anziehen hinab-eilen verirren – walzen entwöhnen rülpsen erkunden verzapfen, einmotten verwischen aufschütten benehmen hasten – bearbeiten schlichten verrücken schnaufen rentieren, verpetzen abrollen weißen ausziehen entwenden – nettsein anzeigen gesunden erfüllen erlösen, anwärmen ausleihen diskutieren fliegen siegen –

wakkßln pariirn šnôrrhn fatreetn nekkn,

fatroutt̠l poštelat6 španndln haaßn

fagäwôlltign – koomandiirn ainßaafign̠ kni∂n

üübm hinntakëim, pôßkuußt6 šraubm̲

rännfôan dašrekkn plaanän – fadränngän

klëim äntraamän fôölln šwättßn, aingään

tßaštooßn pôan šmattßn ßummän – ßu∂hn

tßëitn *pusten* fagooggr̠an fahaamlihhn,

onnšôôfn ainšmôttßn špôunän planiirn

winnkn – häkkßl̠ pôhhtn paukn proograamirn

faoamän, ôppštaabm außkoffan ßöafn šti∂n

päšpittßln – ainparkn wegzatappßt6 liißnän

preparer päprëifl, glaßirn štraafn fakri∂chn

pokkßn špi∂n – iibašnaufn fatßain urrlaubm̲

paihtn fašpülln, pfrä̲a̲ggatßn akronnkn afinntn

meßßtn raimän – …

wachsen parieren schnarchen vertreten necken, vertrotteln putzen luftig-lagern heißen vergewaltigen – kommandieren einseifen knien üben heimkommen, probieren schrauben rennfahren erschrecken planen – verdrängen geizig-sein entrahmen fallen schwätzen, eingehen zerstoßen bohren schmatzen summen – suchen lockern pusten verdummen verheimlichen, anschaffen aussparen erkennen planieren winken – häckseln pachten pauken programmieren verarmen, abstauben auskoffern surfen stöbern bespitzeln – einparken wegwerfen zuhören zubereiten ehren, glasieren nachziehen verkriechen boxen spüren – aufatmen verzeihen urlauben beichten verspielen, piepsen erkranken erfinden mästen reimen – …

ikäa tßu∂ minndahait däa waiba, de fonnda oabait dahaam gäpliibmßain, de a noabm aufda linnkn wônngn homm, de dän nôôgl fon linnkn mittlfinnga außputtßn wolln, obwoolinn di kraißßôôg gäprauht hott, de dôß puttßn niit afunntn homm, walldôß unproduktiif iiß, de ßihh ôlß klannß di∂nndlä gwaigat homm, dôß grooßfôôtahauß tßu falôôßn, de a grooßmu∂ta homm, de söllba tßaitungleeßn gläant hott, de tßwa fu∂noomän homm, ... ôllä kinnda aana mu∂ta käan tßômm, de opgätriibänän, de opgônngänän, de päštölltn, de gäpuuränän, de kßunntn, de tßrukkgäpliibänän, de häakšännktn, de faweentn, ... ôllä frauän ßain glaih wäattfoll, de gäkränntn, de kšänndätn, de onakônntn, de falôôßänän, ... ôllä päruufä ßain glaih wihhtig, de haußfrauän, de pauan, de köllna, de heebammän, de kštudi∂tn, de ßanntla, ...

Ich gehöre zur Minderheit der Frauen, die von der Arbeit daheim geblieben sind, die eine Narbe auf der linken Wange haben, die den Nagel vom linken Mittelfinger ausputzen wollen, obwohl ihn die Kreissäge entfernt hat, die das Putzen nicht erfunden haben, weil das unproduktiv ist, die sich als kleines Mädchen geweigert haben, das Großvaterhaus zu verlassen, die eine Großmutter haben, die selber Zeitung lesen gelernt hat, die auf zwei Vornamen hören, ... Alle Kinder einer Mutter gehören zusammen, die abgetriebenen, die abgegangenen, die bestellten, die geborenen, die gesunden, die zurückgebliebenen, die hergeschenkten, die verwöhnten, ... Alle Frauen sind gleich wertvoll, die gekrönten, die geschändeten, die anerkannten, die verlassenen, ... Alle Berufe sind gleich wichtig, die Hausfrauen, die Bauern, die Kellner, die Hebammen, die Studierten, die Sandler, ...

oôba ôbw**oo**l n**i**tt

daf**i**∂ ôllw**aa**l m**i**tt

aber obwohl nicht

dafür immer mit

i pl**a**ib, wi∂ri p**ii**n – miitndr**ii**n

ich bleibe, wie ich bin – mittendrin

mäa h**ôô**b<u>m</u>wolln

mäa g**ö**lltnwolln

mäa t**u**∂nwolln

mehr haben wollen

mehr gelten wollen

mehr tun wollen

kr**ai**tß unt kw**ä**a

h**i**nn unt h**ä**a –

imma m**ä**a

kreuz und quer

hin und her -

immer mehr

imm **ô**maißnh**ä**a

ß**ô**ggt ßän w**ä**a –

n**i**∂mam**ä**a

im ameisenheer

sagt ihnen wer –

nimmermehr

BEIDSPRACHIGES

Manches denke ich ausschließlich in Deutsch, Vieles fühle ich nur in Slowenisch, es kommt aber durchaus auch vor, dass mir Etwas in beiden Sprachen gleichzeitig einfällt. Dieser Gedichtzyklus entstand während meines Slowenisch- und Italienisch-Studiums, also zwischen 1994 und 2002.

Ich sehe
oft Enttäuschung
in deinen Augen.

Ich sehe
ein Aufleuchten
in deinen Augen.

Ich sehe
auch Dankbarkeit
in deinen Augen.

Ich sehe
noch Unverständnis
in deinen Augen.

Ich sehe
doch Überraschung
in deinen Augen.

Ko te gledam v oči,
ugotavljam,
da si razočaran.

Ko te gledam v oči,
me veseli,
da si bistroglav.

Ko te gledam v oči,
doživljam,
da si hvaležen.

Ko te gledam v oči,
hočem,
da bi lažje razumel.

Ko te gledam v oči,
vidim,
da si presenečen.

Das Einheitliche lässt uns
Widersprüche merken, sodass wir
Möglichkeiten ausprobieren.

Das Wesentliche lässt uns
Menschen sein, sodass wir
die Welt beherrschen.

Das Ausdehnungslose lässt uns
Entfernung wahrnehmen, sodass wir
den Raum ausfüllen.

Das Antreibende lässt uns
Verlangen spüren, sodass wir
Sinnliches begehren.

Das Persönliche lässt uns
Beziehung erahnen, sodass wir
Sprachen schaffen.

Enotno nam omogoča
protislovno opazovanje, da
izkoriščamo možnosti.

Bistveno nam omogoča
biti človek, da
obvladamo svet.

Neraztegljivo nam omogoča
oddaljeno zaznavanje, da
zapolnimo prostor.

Pobudno nam omogoča
hrepenenjsko čutenje, da
poželimo telesne užitke.

Osebno nam omogoča
odnosno slutenje, da
ustvarjamo jezike.

Das Lösende lässt uns
Konflikte erfahren, sodass wir
Situationen verarbeiten.

Das Lebenslustige lässt uns
Krisen erfassen, sodass wir
Katastrophen vermeiden.

Das Verborgene lässt uns
die Wahrheit beweisen, sodass wir
Geheimnisse bewundern.

Das Begleitende lässt uns
Anleitung übermitteln, sodass wir
Gesetze erlassen.

Das Herzliche lässt uns
die Liebe wagen, sodass wir
den Alltag meistern.

Razvezavno nam omogoča
konfliktno doživetje, da
premagamo situacije.

Živo nam omogoča
krizno dojetje, da se
izognemo katastrofam.

Skrito nam omogoča
resnično dokazovanje, da
občutimo skrivnosti.

Spremljevalno nam omogoča
navadno prenašanje, da
izdajamo zakone.

Prisrčno nam omogoča
ljubezenski up, da
smo kos vsakdanjosti.

Den Lehrern wollen wir empfehlen,
sich künftig zu bequemen,
nach Zuspruch nur zu streben,
und uns nicht wegen des ersten
verliebt-Seins gleich abzuschreiben.

Den Priestern wollen wir empfehlen,
sich künftig zu bequemen,
die Menschen anzunehmen,
und uns nicht wegen des neuerlichen
verliebt-Seins total auszuschließen.

Den Herrschern wollen wir empfehlen,
sich künftig zu bequemen,
das gute Beispiel vorzuleben,
und uns nicht wegen des ständigen
verliebt-Seins auch noch abzuwerten.

Učiteljem bi svetovali,
da bi se sproščevali,
spodbudno delovali,
ne da bi nas zaradi prve
zaljubljenosti kar izključili.

Duhovnikom bi svetovali,
da bi se sproščevali
in tebe ne pregnali,
ne da bi nas zaradi ponovne
zaljubljenosti za vedno izločili.

Politikom bi svetovali,
da bi se sproščevali
in ne zaničevali,
ne da bi nas zaradi trajne
zaljubljenosti še razvrednotili.

Wenn ich Priesterin geworden wäre,
würde ich über den Wolken schweben.

Wenn ich Mathematikerin geworden wäre,
würde ich unter den Ergebnissen leiden.

Wenn ich Grundbuchsführerin wäre,
würde ich die Heimat erfassen.

Wenn meine Mama nicht gestorben wäre,
würde ich weitere Geschwister haben.

Wenn mir die Hausärztin nicht geraten hätte,
würde ich keine Gedichte schreiben.

Ko bi postala duhovnica,
bi živela nad oblaki.

Ko bi postala matematičarka,
bi trpela pod rezultati.

Ko bi postala vodja zemljiške knjige,
bi napisala domovino.

Ko bi mama ne umrla,
bi imela še drugega brata ali sestro.

Ko mi zdravnica ne bi svetovala,
ne bi pisala pesmi.

Zwei gingen	sch
moone	tsch
auf die	dsch
und leise	schai
zu regnen	tschai
mohten	dschai
Zuunwelt ein	schaileil
verschwoogen	tschaileil
durch die	dschaileil
in den	schaijei
und sie	tschaijei
Gooken und	dschaijei
moogten	schaileilail
boogten	tschaileilail
noogten	dschaileilail
loogten	schaijeijai
roogten	tschaijeijai
joogten	dschaijeijai
woogten	dschaidschei
doogten	schaischei

durch das sch
Fischerdorf tsch
Küste zu dsch
begann es schai
und beide tschai
in ihre dschai
und buwoogen schaileil
bungten sie tschaileil
Nootsch dschaileil
pridenden Dan schaijei
noogten von tschaijei
Koogen und dschaijei
sacht und schaileilail
tschaileilail
dschaileilail
schaijeijai
laileilai
waiweiwai
maimeimai
aijeijai

Dva sta šla	š
mono	č
proti	ž
in tiho	šaj
pršeti in	čaj
motata	džaj
zunski svet	šajlajl
zašvogoč	čajlajl
vso	džajlajl
dokler se	šajaj
in	čajaj
gokenja in	džajaj
mogata	šajlajlajl
bogata	tšajlajlajl
nogata	džajlajlajl
logata	šajajaj
rogata	čajajaj
jogata	džajajaj
vogata	džajdžaj
gogata	šajšaj

skozi
ribiško vas
obali
je začelo
onadva
v njuni
in buvogaječ
bungata
noč,
ne dani
nogata od
koganja in
rahlo in

š
č
ž
šaj
čaj
džaj
šajlajl
čajlajl
džajlajl
šajaj
čajaj
džajaj
šajlajlajl
tšajlajlajl
džajlajlajl
šajajaj
lajlajlaj
vajvajvaj
majmajmaj
ajajaj

Prisiljevala sem te.

Ti pa si me občudoval.

Zavirala sem te.

Ti pa si me prehiteval.

Šokirala sem te.

Ti pa si me prenavljal.

Zapuščala sem te.

Ti pa si me osvobajal.

Ich habe dich gezwungen.
Du aber hast mich bewundert.

Ich habe dich gebremst.
Du aber hast mich überholt.

Ich habe dich erschreckt.
Du aber hast mich erneuert.

Ich habe dich entfernt.
Du aber hast mich befreit.

V brezmejni deželi

sta veselo zapeli

skupnost in čast.

V osvojeni deželi

sta zaupno živeli

svoboda in last.

začetni konec

je končni začetek

bistvenega in odvečnega

najvišje

je najnižje

najdaljše

je najbliže

Im grenzenlosen Land
haben Gemeinschaft und Ehre
frohe Lieder gesungen.

Im einverleibten Land
haben Freiheit und Eigentum
intim zusammengelebt.

das beginnende Ende
ist der endende Beginn
des Wesentlichen und des Überflüssigen

das Höchste
liegt am tiefsten

das Entfernteste
liegt am nächsten

Es wäre schön,
wenn die Liebe
so entbrennen würde,
dass sie uns die Angst
vor dem Dunkel nimmt. –
Es wäre gut,
wenn die Blume
so erblühen würde,
dass sie unsere Herzen
vor dem Tod öffnet. –
Es wäre heiter,
wenn der Vogel
so singen würde,
dass uns sein Lied
zum Himmel wird. –
Es wäre belebend,
wenn die Tochter
so sprechen würde,
dass uns unsere Schritte
über die Grenze führen.

Lepo bi bilo,
ko bi ljubezen
gorela tako,
da bi nam strah
vzela pred temo. –
Dobro bi bilo,
ko bi roža
cvetela tako,
da bi nam srca
odprla pred smrtjo. –
Veselo bi bilo,
ko bi ptica
zapela tako,
da bi nam pesem
bila nebo. –
Živahno bi bilo,
ko bi hčerka
govorila tako,
da bi nas koraki
nosili čez mejo.

i w**aa**ß,

wi∂f**ü**ll i w**ä**at pin

i w**aa**ß,

wôôß i k**ôô**n

i w**aa**ß,

wo i h**i**nkäa

ich weiß,

was ich wert bin

ich weiß,

was ich kann

ich weiß,

wo ich hingehöre

w**i**∂m,

k∂lk**ô** ßn ur**i**∂dn**a**

w**i**∂m,

kaj zn**aa**m

w**i**∂m,

kam ßsl**ii**ßs∂m

vem,

koliko sem vredna

vem,

kar znam

vem,

kam sodim

m**ä**alan ß**aa**n
h**i**igl obm**aa**n
ßs**ee**balan ßstr**aa**n

w**ee**ßs fl**i**kkn
ß**o**kkn ßstr**i**kkn
m**o**on pägl**i**kkn

Karotten säen
Hügel abmähen
Heuhäufchen auseinanderstreuen

Wäsche flicken
Socken stricken
Ehemann beglücken

ti-kam

vi-kam

mi-kam

ich du-ze = du-wohin

ich Sie-ze = Sie-wohin

ich wir-ze = wir-wohin

denn der Schmerz bleibt derselbe

denn das Wunder bleibt dasselbe

denn die Freude bleibt dieselbe

kajti bolečina je ista

kajti veselje je isto

kajti čudež je isti

UN-SICHERES/NE-SIGURGNO

Schon seit meinem dritten Lebensjahr denke ich über wesentliche Zusammenhänge im christlichen Leben nach. Im Jahre 1999 sind mein Vater und mein Bruder verstorben. Dieser Gedichtzyklus entstand großteils als Reaktion auf das Leiden und Sterben meines um zwei Jahre jüngeren Bruders Albin.

Christin zu sein bedeutet,
dass ich fähig bin,
das Gute in mir zu bewirken.

Christin zu sein bedeutet,
dass ich entschlossen bin,
das Böse in mir aufzulösen.

Christin zu sein bedeutet,
dass ich bescheiden bleibe,
um dem Unerklärlichen zu dienen.

Biti Kristjanka pomeni,
da sem sposobna,
da bom povzročila dobro v sebi.

Biti Kristjanka pomeni,
da sem odločena,
da bom opustila hudega v sebi.

Biti Kristjanka pomeni,
da ostanem skromna,
da bi služila nerazložljivemu v sebi.

Tropfen.

Viele **Tropfen**.

Entsetzlich viele **Tropfen**.

Entsetzlich viele **Tropfen** ruhen.

Entsetzlich viele **Tropfen** ruhen in dem Mehr.

Wirklich alle **Trapfen** jubeln hinterher.

Wirklich alle **Trapfen** jubeln.

Wirklich alle **Trapfen**.

Alle **Trapfen**.

Trapfen.

Trepfen.

Einige **Trepfen**.

Bloß einige **Trepfen**.

Bloß einige **Trepfen** suchen.

Bloß einige **Trepfen** suchen schon sehr.

Nur manche **Tripfen** rufen oft: Wer?

Nur manche **Tripfen** rufen.

Nur manche **Tripfen**.

Manche **Tripfen**.

Tripfen.

Kaplja.

Mnogo **kapelj**.

Strašansko mnogo **kapelj**.

Strašansko mnogo **kapelj** počiva.

Strašansko mnogo **kapelj** počiva; večno.

Res vse **keplje** vriskajo, ker je nekdo.

Res vse **keplje** vriskajo.

Res vse **keplje**.

Vse **keplje**.

Keplja.

Kiplja.

Nekaj **kipelj**.

Samo nekaj **kipelj**.

Samo nekaj **kipelj** išče.

Samo nekaj **kipelj** išče še zelo.

Le nekaterih **kopelj** kliče: Kdo?

Le nekaterih **kopelj** kliče.

Le nekaterih **kopelj**.

Nekaterih **kopelj**.

Koplja.

Ich denke nicht logisch, schreibe nicht klar.
Ich bin ein faules, erfolgloses Herdenschaf.

Ich lerne nicht richtig, falle immer auf.
Ich bin ein unsicheres Herdenschaf.

Ich lebe nicht passend, bin nicht gemütlich.
Ich bin ein lästiges, nervöses Herdenschaf.

Ich entwirre nicht, spreche nicht allgemein.
Ich bin ein übermüdetes Herdenschaf.

Ich kann nicht hassen, huste nicht herauf.
Ich bin ein niedergedrücktes Herdenschaf.

Ich arbeite nicht wirksam, fürchte mich nicht.
Ich bin ein einmaliges Herdenschaf.

Ich kann mich nicht ändern, freue mich sehr.
Ich bin ein treues, wissendes Herdenschaf.

Nelogično mislim, nejasno pišem.
Lena, brezuspešna ovca črede sem.

Nepravilno se učim, nenehno se skrivam.
Razočarana, negotova ovca črede sem.

Neprimerno se obnašam, neprijetno živim.
Nagajiva, živčna ovca črede sem.

Nenehno se zapletam, nerazumljivo govorim.
Ranjena, utrujena ovca črede sem.

Neskončno ne sovražim, nerešljivo kašljam.
Potlačena, brezupna ovca črede sem.

Neučinkovito delam, prihodnosti se ne bojim.
Nadarjena, enkratna ovca črede sem.

Ne morem se spreminjati, globoko se
veselim. Zvesta, učena ovca črede sem.

Und immer wieder tausend Fehler.

Ich höre die Predigt. Ich lese die Lesung.

Und schon wieder tausend Fehler.

Ich unterhalte mich im Dialekt.

Und schon wieder tausend Fehler.

Ich rufe jemand an.

Und schon wieder tausend Fehler. –

Und immer wieder tausend Fehler.

Ich bilde Sätze. Ich schreibe die Hausübung.

Und schon wieder tausend Fehler.

Ich verfasse einen Text.

Und schon wieder tausend Fehler.

Ich stelle eine Nachricht vor.

Und schon wieder tausend Fehler. –

Und immer wieder tausend Fehler.

Ich erzähle eine Geschichte. Ich feiere.

Und schon wieder tausend Fehler.

Ich flaniere auf der Straße.

Und schon wieder tausend Fehler.

In spet bo tisoč napak.
Slišim pridigo. Berem berilo.
In že spet je tisoč napak.
Pogovarjam se po domače.
In že spet je tisoč napak.
Kličem po telefonu.
In že spet je tisoč napak. –
In spet bo tisoč napak.
Ustvarjam stavke. Pišem nalogo.
In že spet je tisoč napak.
Sestavljam besedilo.
In že spet je tisoč napak.
Predstavljam poročilo.
In že spet je tisoč napak. –
In spet bo tisoč napak.
Pripovedujem zgodbico. Praznujem.
In že spet je tisoč napak.
Pohajkujem po cesti.
In že spet je tisoč napak.

Kdor ne dela napak,
je povsem živ mrtvak.

Kdor ne prizna napak,
je v duši le siromak.

Kdor ne goji napak,
ne zna biti veseljak.

Wer keinen Fehler machen kann,
ist ein lebendiger Leichnam.

Wer keinen Fehler zugeben kann,
ist ein seelisch armer Mann.

Wer keinen Fehler züchten kann,
ist nie ein lustiger Kumpan.

krabbeln zu müssen,
ohne zu wissen,
den krabbelking küssen

drosseln zu sollen,
ohne zu wollen,
den drosselwalz zollen

flattern zu dürfen,
ohne zu brauchen,
das flatterding taufen

klappern zu können,
ohne zu mögen,
dem klappertanz fröhnen

trommeln zu lassen,
ohne zu hassen,
das trommelnass fassen

Manches schmerzt dich so sehr,
dass deine blauen Augen versagen.
Ich sehe dich an und frage mich:
Warum willst du verzagen?

Du erzählst mir von dem, was dich
schmerzt, mit Augen ohne Strahlen.
Ich höre dir zu und frage mich:
Wer sind wir? Wozu diese Qualen?

Der Schmerz hat dich besiegt und
deine blauen Augen sind entschlafen.
Ich sehe dich nicht und frage mich:
Wo bist du? Wohin bist du geraten?

Marsikaj te tako boli, da
zapiraš svetlomodre oči.
Gledam te in se sprašujem:
Zakaj te toliko tako boli?

Pripoveduješ o tem, kar te
boli, z očmi brez luči.
Poslušam te in se sprašujem:
Kdo sem jaz? in Kdo si ti?

Bolečina te je premagala in
zaprl si svetlomodre oči.
Ne vidim te in se sprašujem:
Kam si odšel? in Kje si ti?

Ich lebe nie und immer sinnlos
und spüre keine und alle Sinne.

Ich lebe nie und immer gedankenlos
und erhalte keine und viele Gedanken.

Ich lebe immer und nie fehlerlos
und kenne keinen und alle Fehler.

Die Sinnlosigkeit ist die Regel
und die Sinnhaftigkeit die Ausnahme.

Die Unsicherheit ist die Regel
und die Sicherheit die Ausnahme.

Die Unvollkommenheit ist die Regel
und die Vollkommenheit die Ausnahme.

Nikoli ne in vedno živim nesmiselno
in čutim nobeno in vsa čutila.

Nikoli ne in vedno živim nepremišljeno
in prejmem nobeno in veliko idej.

Vedno in nikoli ne živim brez napak
in poznam nobeno in vse mojih napak.

Nesmiselnost je pravilo
in smiselnost je izjema.

Negotovost je pravilo
in gotovost je izjema.

Nepopolnost je pravilo
in popolnost je izjema.

ich habe schöne Wörter vergessen,
im Namen wessen
sind sie gewesen,
habe ich sie wo wann besessen

ich konnte dir nicht vertrauen,
wie konnte ich bauen
auf solchen Auen,
die ich nicht fähig war zu schauen

ich habe die Botschaft vernommen,
zu gehen begonnen
und Höhen erklommen,
Einsicht in den Himmel gewonnen

Mein Gott ist quadratisch,
nicht hoch geboren,
sondern auf seine Fläche
eingeschworen erkoren.

Mein Gott ist quadratisch,
nicht länger als breit,
sondern in seiner Fläche
gescheit geweiht.

Mein Gott ist kreisrund,
nicht einfärbig,
sondern wegen seiner Fläche
gesund bunt.

Mein Gott ist kreisrund,
lebt nicht verschroben,
sondern ohne seine Fläche
oben verwoben.

Mein VERERHER,
wie bist DU durchtrainiert,
gewissenhaft und ordentlich
von mir kreiert!

Mein VEREHRER,
wie bist DU talentiert,
anständig und fleißig
von mir verziert!

Mein VEREHRER,
wie wirst DU manipuliert,
grausam und ständig
von uns allen hofiert!

Mein VEREHRER,
warum hast DU kapituliert,
wann enttäuscht und verstummend
doch noch kapiert?

Was ist „wahr“?
Das, was andere behaupten?
Oder das, was ich weiß?

Was ist „richtig“?
Das, was andere beschließen?
Oder das, was ich erkenne?

Was ist „notwendig“?
Das, was andere veranlassen?
Oder das, was ich tue?

Was ist „wichtig“?
Das, was andere besprechen?
Oder das, was mich bewegt?

Was ist „Demokratie“?
Ist sie ein vom Volk
gewolltes Wechselspiel
zwischen Verharren und Verändern?
Oder? Was ist sie wirklich?

Was ist „Freiheit“?
Ist sie eine vom Einzelnen
getroffene Entscheidung
für das Verweilen oder das Verändern?
Oder? Was ist sie eigentlich?

Was ist „Armut“?
Ist sie eine von der Gesellschaft
verursachte Beschränkung
auf das Verharren ohne Veränderung?
Oder? Was ist sie sonst?

Was ist „Kunst“?
Ist sie ein vom Kritiker
verwendetes Mittel
zur Überschreitung des Eindeutigen?
Oder? Was ist sie noch?

Was ist „Dramatik“?
Ist sie eine vom Zuschauer
ersehnte Überhöhung
der Lauheit des Augenblicks?
Oder? Was ist sie niemals?

Was ist „Bedeutungslosigkeit“?
Ist sie eine vom Konsumenten
erzwungene Einschätzung
des Zwecklosen als wirklichem Wert?
Oder? Was ist sie immer?

Was ist „Philosophie“?
Ist sie eine vom Denker
erschaffene Welt
grenzenloser Freude im trüben Alltag?
Oder? Was ist sie lieber?

Was ist „Objektivität“?
Ist sie eine vom Beobachter
ausgedachte Größe
einer möglichen Ebene an Zeitlosigkeit?
Oder? Was ist sie leider?

Was ist „Verneinung“?
Ist sie ein vom Verantwortlichen
ausgesprochenes Gegenteil
einer Anerkennung von Leistung?
Oder? Was ist sie gerne?

Was ist „Gegenwart“?
Ist sie eine vom Gleichgerichteten
veranstaltete Zukunft
des längst Vergangenen und Vergessenen?
Oder? Was ist sie sicher?

Was ist „Macht“?
Ist sie eine vom Überlegenen
angebotene Demonstration
seines Könnens und Versagens?
Oder? Was ist sie wahrscheinlich?

Was ist „Trunkenheit“?
Ist sie eine vom Suchenden
beanspruchte Woge
der Bewältigung von Problemen?
Oder? Was ist sie trotzdem?

Was ist „Seele“?
Ist sie das Ergebnis
des Verstandes?
Oder ist sie die Ursache
der körperlichen Schwäche?

Was ist „Entwicklung“?
Ist sie das Rückschreiten
in die eigene Geschichte?
Oder ist sie das Vorwärtslaufen
in das fremde Ungewisse?

Was ist „Anerkennung“?
Ist sie das tolle Verkaufen des
absoluten nicht-Könnens?
Oder ist sie das zaghafte Verbergen
schillernder Einsicht?

Was ist „Geborgenheit“?
Ist sie das Ergebnis
von Reichtum und Zuspruch?
Oder ist sie das Überwinden
von Einsamkeit und Verachtung?

Was ist „Schönheit“?
Ist sie die Bedingung
für Entsagung und Entfremdung?
Oder ist sie die Folge
von Freiheit und Unabhängigkeit?

Was ist „Weisheit“?
Ist sie die Grundlage
für Liebe und Hass?
Oder ist sie die Voraussetzung
für Würde und Güte?

AUCH ICH/TUDI JAZ

Die Frage nach dem Sinn des Lebens und nach der Erfüllung meiner Bedürfnisse stellte sich mir immer wieder in Stresssituationen, wie z. B. vor, während und nach meiner ernsthaften Erkrankung im November und Dezember 2003, während der ich auch halluzinatorisches Sehen im Dauerfieber erlebte.

Wenn zwei Welten aufeinander prallen,
hat jede ihr eigenes heiliges Buch,
an das sich im Frieden niemand hält.

Wenn unsere Welten aufeinander prallen,
haben wir unsere eigenen Regeln,
auch im Krieg eine eigene Welt.

Wenn viele Welten aufeinander prallen,
haben wir das einzig richtige Gesetz,
das in Krisen für uns alle zählt.

Einsprachig

Einheitsgläubige

Einfachliebende

Zweisprachig

Risikogläubige

Zweifachverletzbare

Mehrsprachig

Ungläubige

Vielfacherfahrene

Auch ich
habe Anspruch auf
ein normales Leben,
ohne ständiges
Bemühen und Streben.

Auch ich
habe das Recht auf
einen normalen Genuss,
ohne Angst vor
möglichem Verdruss.

Auch ich
habe das Bedürfnis
nach normalem Leerlauf,
ohne verpflichtenden
Dauer-Ausverkauf.

Der Einsprachige ist wertvoll,
weil er die grundlegenden Werte
der Gesellschaft vorgibt.

Der Zweisprachige ist wertvoll,
weil er die grundlegenden Werte
der Gesellschaft hinterfragt.

Enojezični je dragocen,
ker določa
osnovne vrednote družbe.

Dvojezični je dragocen,
ker ocenjuje
osnovne vrednote družbe.

was nützlich und auch praktisch anzubahnen,
ist unser ziel. das ist uns allen klar.
was unbegreiflich unnütz, einzumahnen,
schon immer meines lehrers streben war.

nur geld und lob alltäglich abzusahnen,
das kann ein über-drüber-super-star.
die wahre liebe voll und ganz zu planen,
bleibt körperlich doch unerfüllbar rar.

mein ljubi angel, varuh moj, ist meine
mich ständig schützend transparente fülle,
die mich beglückt und tröstet, so ich weine.

was ist der schmuck, sind gute kleider? hülle!
was sind die männer? machos! söhne. feine
gebilde, reife menschen. seide. kühle.

die durchaus berechtigte
Hoffnung zur Gleichrichtung
führt leider viel zu oft
zur alles verändernden Trauung

die überaus schmerzliche
Erfahrung der Verschiedenheit
führt leider viel zu oft
zur alles besiegelnden Trennung

die wirklich dauerhafte
Verbindung einer Beziehung
liegt leider viel zu oft
in der uneingeschränkten Zusammenarbeit

Ich schaue dich an
und sauge dich auf,
weil ich dich liebe.

Ich öffne mich
und passe mich an,
weil ich dich liebe.

Ich verschließe mich
und schütze mich,
weil ich dich liebe.

Ich gehe meinen Weg
und ahme dich nach,
weil ich dich mag.

Pogledam te
in te vsrkavam vase,
ker te ljubim.

Odprem se
in se prilagajam,
ker te ljubim.

Zaprem se
in se skrivam,
ker te ljubim.

Grem svojo pot
in te posnemam,
ker te imam rada.

Mein Körper ruht in meinem Grab,
Nun blick nicht sehnsuchtsvoll hinab,
Du kannst mich nicht mehr hören, seh´n,
Doch dürfen wir spazieren geh´n.

Ich hab dir vieles nicht gesagt,
Mich immer wieder nur beklagt,
Jetzt schweb ich aber in der Höh´,
Umgebe dich mit meiner Näh´.

Ich bin der Wüste Trockenheit
Und auch des Baches kühles Nass,
Ich bin in deinem großen Ziel,
In unserem Beziehungsspiel.

Ich erhebe Anspruch auf
Ehrlichkeit, Anständigkeit und Fleiß.

Ich erbringe Taten in
Treue und Wahrheit als Liebesbeweis.

Ich erbitte Freude durch
Sanftmut, Güte und Geborgenheit.

Ich vollführe Leben mit
Ernst, im Bemühen um Gerechtigkeit.

Ich bin weder
Anregung noch Ausführung,
sondern Motivation
zum Guten und Bösen.

Jaz niti nisem
pobuda niti izvedba,
temveč motivacija
do dobrega in slabega.

Manche Fachleute zertreten
jede menschliche Liebe.

Viele Fachleute zermalmen
jede aufkeimende Hoffnung.

Alle Fachleute zerstören
jeden kindlichen Glauben.

Brot zu essen
bedeutet verbunden sein
in Ernte, Schweiß und Not.

Wein zu trinken
bedeutet verbunden sein
in Freude, Schein und Pein.

Ideen kommen
durch die Luft geschwirrt;
sie werden irdisch angeschirrt,
vor unseren Karren angespannt;
und nur selten einer ahnt,
dass sie uns im Feuer peinigen,
im Wasser der eigenen Tränen reinigen.

Tief in meinem Innersten
habe ich
mit den neuen Ideen
experimentiert und jongliert,
sie wieder und wieder umformuliert.

Auf meines Schöpfers Altar
habe ich
das erworbene Wissen
dargebracht und durchgedacht,
ein unvergleichliches Feuer entfacht.

Der Herr meines Lebens
hat mich
mit Hilfe lieber Menschen
erzogen und aufgehoben,
in neue Beziehungen eingewoben.

suchen

gesucht haben

ausgesucht sein

wählen

gewählt haben

ausgewählt sein

brennen

gebrannt haben

ausgebrannt sein

löschen

gelöscht haben

ausgelöscht sein

senden

gesendet haben

ausgesendet sein

leuchten

geleuchtet haben

ausgeleuchtet sein

Ich öffne mich und lasse dich ein
in den Raum, den ich umschließe.

Meine Schnalle wetzt sich ab
und setzt sich ein für dich
und sie atmet keinen Dank
für ihren Einsatz,
bei jeder Witterung,
ohne Voranmeldung
und ohne tiefere Erkenntnis.

Ich ertrage dich
und ich vertage deine Gespräche
und ich schließe das Kapitel über mich,
eine Tür.

Wasser. Viel Wasser.

Zerfurcht vom Geschoben-Werden.
Zermalmt zwischen vielen anderen.
Zerdrückt von der Last der Jahre.

Abgeschliffen durch ein Tropfenmeer.
Zusammengefügt durch die Sohlenhitze.
Hervorgeholt durch die Überschwemmung.

Zurechtgehauen von Meisterhand.
Eingefügt in eine unendliche Reihe.
Aufgestellt als Platzhalter.

Abgefallen vom geschundenen Herzen.
Ein Stein.

Manchmal bereue ich,
dir überhaupt begegnet zu sein,
dir in die Arme gelaufen zu sein,
ohne dich mit dem Blick des Steuerprüfers
auseinander genommen oder mit dem
Skalpell des Chirurgen zerlegt zu haben. –
Manchmal möchte ich bei dir sein,
deinen ganzen Körper spüren,
den Mythos nähren,
der mich in eine Rolle zwingt,
die mich als Heldin überfordert. –
Manchmal lasse ich mich doch entführen
auf weit entfernte Wolken,
die als Sehnsuchtsoasen emporsteigen
in schwindelerregende Höhen.
Wie auf einem fliegenden Teppich
bewegen wir uns gemeinsam fort,
im Rhythmus besonderer Klänge,
ohne Gedanken an Ort und Zeit.

Ich weiß so gar nicht, warum ich dich nicht
anders zu lieben vermag als an diesem Tag,
wenn ich wieder die Eier für dich abklaub,
wenn ich dir auch heute das Fragen erlaub,
wenn ich noch an den Antworten herumklaub,
bevor ich sowieso nur meine Möbel abstaub.
Ich weiß nur, dass ich dich lieb hab, dass
ich dich mag, und zwar auch an diesem Tag.

Ich weiß so gar nicht, warum ich dich nicht
anders zu lieben vermag als an diesem Tag,
wenn ich den Zucker im Kaffee umrühr,
wenn ich keine Sekunde Verspätung tolerier,
wenn ich von mir selber Eintritt kassier,
zumal ich eh nur Kälte und Fremde spür.
Ich weiß nur, dass ich dich lieb hab, dass
ich dich mag, und zwar auch an diesem Tag.

Kommunion bedeutet
Lebensgemeinschaft in Leiden und Freude,
eine mögliche schrittweise Erkenntnis,
dass liebende Zuwendung von Schuld befreit,
wenn man den fehlerhaften Ansatz bereut. –
Zeichen des Empfangens sind nachrangig.
Eucharistie oder selbstständiges Brotbrechen
sind äußere Formen der Vielfalt
eines immerwährenden Austausches. –
Freiwilliges Verharren
im dunstigen Nebel der Hoffnungslosigkeit
als Folge einer falschen Wertevermittlung
verursacht einen Idealzustand
bei Gefangenen der Angst
vor zu schmerzenden Lichterlebnissen. –
Erlösung setzt erlöst-werden-Wollen,
sich-entwickeln-Wollen, Beziehung
in verantwortungsvoller Freiheit voraus.

Gott zu spüren im Alltag
Liebe zu erleben als Frau
Überlegenheit abzubauen
Cezannes Bilder zu genießen
Kindern die Welt zu erklären
Lyrische Verse zu verfassen
Ideen in Taten umzusetzen
Cankars Prosa zu lesen
Hausarbeit nicht zu scheuen

Sinnvoll zu handeln
Einsichten zu gewinnen
Interessen zu fördern
Neues zu wagen

Liegen-gelassen-Sein in
der Hölle des nicht-Wollens
Allein-gelassen-Sein in
der Hölle des nicht-Könnens

Ausgeschlossen-Sein von
der Teilnahme am Irdischen
Sich selbst Aussperren vom
realistisch Himmlischen

Sich-Flüchten in eine
Traumwelt des Phantastischen
Gefesselt-Sein von allen
möglichen Angstzuständen

Verfolgt-Werden von
den Erfolgen der Anderen
Niedergeschlagen-Sein vom
eigenen Misserfolg

Arm-Sein, Schuld-Denken,
nervös-Werden, am-Platz-Treten.

Einsam-Sein, Nachdenken,
sich-Zurücknehmen, Fortschreiten.

Lahm-Sein, Spaltung-Denken,
arm-Werden, die-Hölle-Spüren.

Konsequent-Sein, Überdenken,
zur-Ruhe-Kommen, Davonfliegen.

Dr. Luise Maria Ruhdorfer

DR. LUISE MARIA RUHDORFER

geborene Aloisia Maria Hasenbichler,
geboren 1944 in St. Stefan bei Finkenstein,
Matura der Handelsakademie Villach 1963,
Notariatsangestellte, Postbeamte, Hausfrau,
Slowenisch-Studium in Klagenfurt ab 1994,
Diplomarbeit über Passionsspiele 2002,
Doktorarbeit über Florjan Lipuš.

Gabriela Tilly-Ammerbauer

GABRIELA TILLY-AMMERBAUER

geborene Gabriela Ammerbauer,
geboren 1944 in Unterloibel,
Matura am BRG Salzburg 1962,
Studium der Slavistik
und Indogermanistik 1962-1970.
Beruflich tätig im psychosozialen Dienst,
seit 2004 in Pension.
Daneben künstlerische Tätigkeit,
v. a. im graphischen Bereich,
Einzel- und Gruppenausstellungen
in Salzburg 1988-1994
(als Gabriela Ammerbauer-Bacher).